THE**INK**COMPANY´s

Sprints,
SCRUM &
el Sprint de
SCRUM

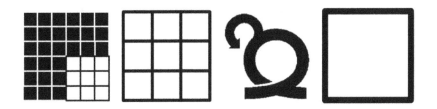

…encontrarás conceptos básicos para entender y empezar a correr *Sprints* de desarrollo de código o de diseño de tecnología, aquí, SCRUM, uno de los marcos de trabajo agiles más populares, se hace *simple* y en este contexto, se convierte en una guía para la creación y adopción tecnológica que abre camino para una *rápida* trasformación digital.

Título Original: *Sprints*, SCRUM & el *Sprint* de SCRUM
Primera Edición: Octubre / 2018
©2018 Curación por Andres Vrant
©2018 Compilación y Publicación por The INK Company

Publicado por THE INK COMPANY Publishing, Inc. division de The INK Company, 1000E. Madison St. R. 118 Springfield, MO 65897

ISBN
9781728801476

~

[] Contenido

~

¿Hackatons?

...

Los *hackathons* (también conocidos como *hack days*, *hackfests* o *codefests*) son eventos similares a los *sprints* de diseño en el que los programadores de computadoras y otros involucrados en el desarrollo de software, incluidos diseñadores gráficos, diseñadores de interfaces, gerentes de proyectos y otros, a menudo incluyen temas, temas en los que, expertos, colaboran intensamente en proyectos de software. El objetivo de un *hackathon* es crear software o hardware utilizable para crear un producto que funcione al final del evento (es una manera de <u>prototipado</u> veloz pero de base tecnológica y con énfasis en software). Los *hackathons* tienden a tener un enfoque específico, que puede incluir el lenguaje de programación utilizado, el sistema operativo, una aplicación, una API o el tema y el grupo demográfico de los programadores. En otros casos, no hay ninguna restricción sobre el tipo de software que se crea.

Etimología

La palabra *"hackathon"* es una combinación de las palabras *"hack"* y *"marathon"*, donde *"hack"* se usa en el sentido de programación exploratoria, no su significado alternativo como referencia a la seguridad informática. El aparente primer uso del término se refirió a un evento de desarrollo criptográfico celebrado el 4 de junio de 1999 en Canadá, donde se reunieron diez desarrolladores para evitar problemas legales causados por las regulaciones de exportación de software criptográfico de los Estados Unidos. Desde entonces, se han realizado eventos por año en todo el mundo para promover el desarrollo, generalmente en los campus universitarios. Según Sun, el uso se refirió a un evento en el cual John Gage desafió a los asistentes a escribir un programa en Java para un PDA de la marca Palm utilizando un puerto de infrarrojos para comunicarse con otros usuarios de Palm y luego registrarlo en Internet. / A partir de mediados y finales de la década de 2000, los *hackathons* se hicieron mucho más generalizados y las empresas y los capitalistas de riesgo comenzaron a verlos cada vez más como una forma de desarrollar rápidamente nuevas tecnologías de software y de localizar nuevas áreas para la innovación y la financiación. Algunas compañías importantes nacieron de *hackathons*, de conferencias como Disrupt de TechCrunch.

Estructura

Los *hackathons* suelen comenzar con una o más presentaciones sobre el evento, así como sobre el tema específico, si lo hay. Luego, los participantes sugieren ideas y forman equipos, basados en intereses y habilidades individuales. Luego comienza el trabajo principal del *hackathon*, que puede durar desde varias horas hasta varios días. Para los *hackathons* que duran 24 horas o más, especialmente los competitivos, comer es a menudo informal, y los participantes suelen subsistir con alimentos como pizza y bebidas energéticas. A veces, dormir también es informal, y los participantes duermen en el lugar con sacos de dormir. / Al final de los *hackathons*, suele haber una serie de demostraciones en las que cada grupo presenta sus resultados. Para capturar las grandes ideas y el trabajo en progreso, a menudo las personas publican un video de las demostraciones, publican los resultados con capturas de pantalla y detalles, comparten enlaces y avances en las redes sociales, sugieren un lugar para el código fuente abierto y generalmente lo hacen posible para las personas para compartir, aprender y posiblemente construir a partir de las ideas generadas y el trabajo inicial completado. A veces también hay un elemento de concurso, en el que un panel de jueces selecciona los equipos ganadores y se otorgan premios. En muchos *hackathons*, los jueces están formados por organizadores y patrocinadores. En los *hackathons* organizados por comunidades de desarrollo, los jueces suelen estar formados por compañeros y colegas en el campo. Tales premios son a veces una cantidad sustancial de dinero: un *hackathon* de juegos sociales en la conferencia TechCrunch *Disrupt* ofreció USD$250,000 en fondos a los ganadores, [1] mientras que un polémico *hackathon* de 2013 dirigido por SALESFORCE.COM tuvo un pago de USD$ 1.000.000 para los ganadores, catalogado como el premio más grande de la historia.

Tipos de *Hackatons*
- Por Tipo de Aplicación
- Usando un lenguaje de programación especifico, API o *Framework*
- Por una causa o un propósito
- Como Tributo o Memorial
- Para un Grupo Demográfico
- Para innovación interna y motivación
- Para conectar comunidades locales de tecnología
- *Code Sprints*

Algunos *hackathons* se centran en una plataforma en particular, como aplicaciones móviles, un sistema operativo de escritorio, desarrollo web o desarrollo de videojuegos.

Ha habido *hackathons* dedicados a crear aplicaciones que usan un lenguaje o marco específico, como JavaScript, HTML5, Ruby on Rails. Algunos *hackathons* se centran en aplicaciones que hacen uso de la interfaz de programación de aplicaciones, o API, desde una única compañía o fuente de datos.

Ha habido una serie de *hackathons* dedicados a mejorar el gobierno, y específicamente a la causa del gobierno abierto.

También, se han planeado varios *hackathons* en todo el mundo en memoria del programador de computadoras y activista de Internet Aaron Swartz, quien murió en 2013.

Algunos *hackathons* están destinados solo para programadores dentro de un determinado grupo demográfico, como adolescentes, estudiantes universitarios, o mujeres.

Los *hackatones* en las universidades se han vuelto cada vez más populares, en los Estados Unidos y en otros lugares. Estos son generalmente eventos anuales o semestrales que están abiertos a estudiantes universitarios en todas las universidades. A menudo son competitivos, con premios otorgados por la Universidad o patrocinadores relacionados con la programación.

Algunas compañías tienen *hackathons* internos para promover la innovación de nuevos productos por parte del personal de ingeniería. Un ejemplo clásico de esto es, el botón LIKE de Facebook, el cual fue concebido como parte de un *hackathon*.

Incluso, algunos *hackathons* combinan el elemento competitivo con un viaje por carretera, para conectar comunidades tecnológicas locales en varias ciudades a lo largo de las rutas de autobuses.

Finalmente, en algunos de los llamados *hackathons*, todo el trabajo está en una sola aplicación, como un sistema operativo, lenguaje de programación o sistema de gestión de contenido. Tales eventos a menudo se conocen como "code sprints" o por lo que podría ser su traducción casi literal, carreras de desarrollo o de escritura de código, y son especialmente populares para proyectos de software de código abierto, donde a veces estos eventos son la única oportunidad para que los desarrolladores se encuentren cara a cara. Los *sprints* de código suelen durar de una semana a cuatro semanas (entre menos mejor) y, a menudo, tienen lugar cerca de conferencias a las que asiste la mayoría del equipo. A diferencia de otros tipos de *hackathons*, estos eventos rara vez incluyen un elemento competitivo.

~

[Segmento]

¿Sprints?

Ps.: La traducción literal de sprint es "carrera" ☺

Los *sprints* (también llamados iteraciónes) son la unidad básica de diseño y desarrollo entre los principales y más populares marcos de trabajo ágil para creación de tecnología, especialmente software.

El *sprint* es un esfuerzo cronometrado; es decir, está restringido a una duración específica. La duración se fija por adelantado para cada *sprint* y normalmente es entre una semana y cuatro semanas.

Cada *sprint* comienza con un evento de planificación de *sprint* que tiene como objetivo definir un registro de *sprint*, identificar el trabajo para el *sprint* y hacer un pronóstico estimado para la meta del *sprint*. Cada *sprint* termina con una revisión de *sprint* y una retrospectiva de sprint, que revisa el progreso para mostrar a los interesados e identificar lecciones y mejoras para los próximos *sprints*.

Marcos de trabajo Agile como Scrum enfatizan en el producto de trabajo al final del *sprint* que realmente se hace. En el caso del software, es probable que esto incluya que este se haya integrado, probado y documentado completamente, y que se pueda entregar o enviar.

~

Definición y Generalidades del SCRUM

SCRUM es un marco de trabajo que hace parte de la aproximacion "Agile" para administrar el trabajo con énfasis en el desarrollo de software. Está diseñado para equipos pequeños de desarrolladores que dividen su trabajo en acciones que se pueden completar en iteraciones de intervalos de tiempo, llamados *sprints* (30 días o menos, más comúnmente 2 semanas) y rastrean el progreso y planifican de nuevo en 15 minutos en reuniones tipo Stand-Up, llamadas *SCRUMs* diarios. Los enfoques para coordinar el trabajo de los equipos de *SCRUM* múltiples en organizaciones más grandes incluyen SCRUM a Gran Escala (*Large-Scale SCRUM* o "LeSS" por sus siglas en inglés), *Framework* Ágil a Escala (*Scaled Agile Framework* o "SAFe" por sus siglas en inglés), "SCRUM of SCRUMs" y muchos otros.

-

SCRUM (n): un marco dentro del cual las personas pueden abordar complejos problemas de adaptación, mientras que ofrecen productiva y creativamente productos del más alto valor posible.

SCRUM es:
- Ligero
- Simple de Entender
- Difícil de Dominar

SCRUM es un marco de procesos que se ha utilizado para gestionar el desarrollo de productos complejos desde principios de los años noventa. SCRUM no es un proceso o una técnica para construir productos; más bien, es un marco dentro del cual puedes emplear varios procesos y técnicas. SCRUM deja en claro la eficacia relativa de las prácticas de desarrollo y gestión de su producto para que pueda mejorar.

El marco de SCRUM consiste en SCRUM Teams y sus roles, eventos, artefactos y reglas asociados. Cada componente dentro del marco sirve para un propósito específico y es esencial para el éxito y uso de SCRUM.

Las reglas de SCRUM unen los eventos, roles y artefactos, que rigen las relaciones y la interacción entre ellos. Las reglas de SCRUM se describen en todo el cuerpo de este libro.

Las tácticas específicas para usar el marco de SCRUM varían y se describen en otra parte.

~

Ideas Claves del SCRUM

SCRUM es un marco iterativo e incremental para administrar el desarrollo de productos. Se define como "una estrategia de desarrollo de productos flexible y holística donde un equipo de desarrollo trabaja como una unidad para alcanzar un objetivo común", desafía las suposiciones del "enfoque tradicional y secuencial" al desarrollo de productos, y permite a los equipos organizarse mediante el fomento de la co-ubicación física o la estrecha colaboración en línea de todos los miembros del equipo, así como la comunicación diaria cara a cara entre todos los miembros del equipo y las disciplinas involucradas.

Un principio clave de SCRUM es el doble reconocimiento de que los clientes cambiarán de opinión sobre lo que quieren o necesitan (a menudo llamado volatilidad de los requisitos) y que habrá desafíos impredecibles, para los cuales un enfoque predictivo o planificado no es adecuado. Como tal, SCRUM adopta un enfoque empírico basado en la evidencia, aceptando que el problema no puede ser completamente entendido o definido de antemano, y en su lugar se centra en cómo maximizar la capacidad del equipo para entregar rápidamente, responder a los requisitos emergentes y adaptarse a la evolución de tecnologías y cambios en las condiciones del mercado.

Muchos de los términos utilizados en SCRUM (p. Ej., SCRUM master) se escriben normalmente con mayúsculas principales (p. Ej., SCRUM Master) o como palabras conjuntas escritas en *camel case* (por ejemplo, SCRUMMaster). Sin embargo, para mantener un tono enciclopédico, este libro usa una oración normal para estos términos, a menos que sean marcas reconocidas (como *Certified SCRUM Master*). Esto se ve de vez en cuando escrito con todas las letras como capitales, como SCRUM. La palabra no es un acrónimo, por lo cual, esto no es correcto; sin embargo, probablemente se dio debido a un artículo temprano de Ken Schwaber que puso en letras capitales la palabra SCRUM en el título. Mientras que la marca registrada del término SCRUM en sí misma ha expirado, por lo que se considera como propiedad de la comunidad en general y no de un individuo, se retiene la letra capital principal, excepto cuando se usa con otras palabras-términos mixtos (como en "*daily SCRUM*") o "*SCRUM team*").

~

Breve Historia del SCRUM

Hirotaka Takeuchi e Ikujiro Nonaka introdujeron el término SCRUM en el contexto del desarrollo de productos en su artículo de Harvard Business Review de 1986, "The New New Product Development Game". Takeuchi y Nonaka más tarde argumentaron en *The Knowledge Creating Company* que es una forma de "creación de conocimiento organizacional, [...] especialmente buena para generar innovación de manera continua, incremental y en espiral".

Los autores describieron un nuevo enfoque para el desarrollo de productos comerciales que aumentaría la velocidad y la flexibilidad, en base a estudios de casos de empresas manufactureras. Llamaron a esto el enfoque holístico o de rugby, ya que todo el proceso lo realiza un equipo interfuncional en múltiples fases superpuestas, donde el equipo "intenta recorrer la distancia como una unidad, pasando la pelota de un lado a otro". (En el rugby, se usa un SCRUM para reiniciar el juego, ya que los delanteros de cada equipo se entrelazan con la cabeza hacia abajo e intentan tomar posesión de la pelota.)

A principios de la década de 1990, Ken Schwaber usó lo que se convertiría en SCRUM en su empresa, Advanced Development Methods; mientras que Jeff Sutherland, John Scumniotales y Jeff McKenna, desarrollaron un enfoque similar en Easel Corporation, refiriéndose a él usando la palabra única SCRUM.

En 1995, Sutherland y Schwaber presentaron conjuntamente un documento describiendo el marco de SCRUM en el *Taller de Diseño e Implementación de Objetos Comerciales* celebrado como parte de Programación, Sistemas, Idiomas y Aplicaciones Orientadas a Objetos '95 (OOPSLA '95) en Austin, Texas. Durante los años siguientes, Schwaber y Sutherland colaboraron para combinar este material con su experiencia y buenas prácticas en evolución para desarrollar lo que se conoció como SCRUM.

En 2001, Schwaber trabajó con Mike Beedle para describir el método en un libro. El enfoque de SCRUM para planificar y gestionar el desarrollo de productos implica llevar la autoridad de toma de decisiones al nivel de las propiedades y certezas de operación.

En 2002, Schwaber y otros fundaron la SCRUM Alliance y establecieron la serie de acreditación *Certified SCRUM*. Schwaber dejó la SCRUM Alliance y fundó SCRUM.org, que supervisa la serie paralela de acreditación de SCRUM Profesional.

Desde 2009, existe un documento público llamado The SCRUM Guide que define una especie de versión oficial de SCRUM y, en ocasiones, se revisa.

~

Teoría del SCRUM

SCRUM se basa en la teoría de control de procesos empíricos o empirismo. El empirismo afirma que el conocimiento proviene de la experiencia y toma decisiones basadas en lo que se conoce. SCRUM emplea un enfoque iterativo e incremental para optimizar la predictibilidad y controlar el riesgo.

Tres Pilares sostienen cada implementación del control del proceso empírico: *transparencia, inspección y adaptación.*

Transparencia

Los aspectos importantes del proceso deben ser visibles para los responsables del resultado. La transparencia requiere que esos aspectos sean definidos por un estándar común para que los observadores compartan un entendimiento común de lo que se está viendo.

☐ Todos los participantes deben compartir un lenguaje común que se refiera al proceso; y,
☐ Aquellos que realizan el trabajo y aquellos que aceptan el producto de trabajo deben compartir una definición común de "Hecho".

Inspección

Los usuarios de SCRUM deben inspeccionar frecuentemente los artefactos de SCRUM y avanzar hacia un objetivo de Sprint para detectar variaciones indeseables. Su inspección no debería ser tan frecuente como para que la inspección obstaculice el trabajo. Las inspecciones son más beneficiosas cuando son realizadas diligentemente por inspectores expertos en el lugar de trabajo.

Adaptación

Si un inspector determina que uno o más aspectos de un proceso se desvían fuera de los límites aceptables, y que el producto resultante será inaceptable, se debe ajustar el proceso o el material que se está procesando. Se debe hacer un ajuste tan pronto como sea posible para minimizar la desviación adicional.

SCRUM prescribe cuatro eventos formales para inspección y adaptación, como se describe en la sección de Eventos de SCRUM de este libro:

☐ Planificación del Sprint
☐ *Daily SCRUM*
☐ Revisión del Sprint
☐ Retrospectiva del Sprint

~

Equipo del SCRUM

El *SCRUM Team* consta de un *Product Owner*, el *Development Team* y un *SCRUM Master*. Los SCRUM Teams se <u>auto-organizan</u> y tienen funciones cruzadas. Los equipos <u>auto-organizados</u> eligen la mejor manera de llevar a cabo su trabajo, en lugar de ser dirigidos por otros fuera del equipo. Los equipos multifuncionales tienen todas las competencias necesarias para realizar el trabajo sin depender de otros que no formen parte del equipo. El modelo de equipo en SCRUM está diseñado para optimizar la flexibilidad, la creatividad y la productividad.

Los equipos de SCRUM entregan productos de forma iterativa e incremental, lo que maximiza las oportunidades de comentarios. Las entregas incrementales del producto "Hecho" aseguran que siempre esté disponible una versión potencialmente útil del producto en funcionamiento.

Roles en SCRUM - Generalidades

Hay tres roles principales en el Framework de SCRUM. Estos están ubicados de forma ideal para entregar incrementos de producto potencialmente enviados en cada sprint. Juntos, estos tres roles forman el equipo de SCRUM. Si bien muchas organizaciones tienen otros roles involucrados en la definición y entrega del producto, SCRUM solo define estos tres.

Dueño del Producto

El propietario del producto representa las partes interesadas del producto y la voz del cliente, crea hojas de ruta, es responsable de la acumulación y maximiza el valor que el equipo brinda al negocio. El propietario del producto define el producto en términos centrados en el cliente (generalmente historias de usuarios), los agrega a la cartera de pedidos del producto y los prioriza en función de la importancia y las dependencias. [19] Los equipos de SCRUM deben tener un propietario de producto. Este rol no se debe combinar con el del SCRUM master. El propietario del producto debe enfocarse en el lado comercial del desarrollo del producto y pasar la mayor parte del tiempo coordinando con las partes interesadas y no debe dictar cómo el equipo llega a una solución técnica. Esta función es equivalente al representante del cliente papel en algunos otros marcos ágiles, como la programación extrema (XP).

La comunicación es una responsabilidad central del propietario del producto. La capacidad de transmitir prioridades y empatizar con los miembros del equipo y las partes interesadas es vital para dirigir el desarrollo del producto en la dirección correcta. El rol del propietario del producto salva la brecha de comunicación entre el equipo y sus partes interesadas, sirviendo como un proxy para las partes interesadas del equipo y como un representante del equipo para la comunidad de partes interesadas en general.

Como la cara del equipo para los interesados, las siguientes son algunas de las tareas de comunicación del propietario del producto para las partes interesadas:

- Demuestra la solución a las partes interesadas clave que no estuvieron presentes en una revisión de sprint.
- Define y anuncia lanzamientos.

- Comunica el estado del equipo.
- Organiza revisiones de hitos.
- Educa a los interesados en el proceso de desarrollo.
- Negocia las prioridades, el alcance, el financiamiento y el cronograma.
- Asegura que la acumulación de productos sea visible, transparente y clara.

La empatía es un atributo clave para el propietario de un producto: la capacidad de ponerse en el lugar de otro. El propietario de un producto conversa con diferentes partes interesadas, que tienen una variedad de antecedentes, roles laborales y objetivos. El propietario de un producto debe poder ver desde estos diferentes puntos de vista. Para ser eficaz, es aconsejable que el propietario del producto conozca el nivel de detalle que necesita el público. El equipo de desarrollo necesita comentarios exhaustivos y especificaciones para poder construir un producto a la altura de las expectativas, mientras que un patrocinador ejecutivo puede necesitar resúmenes del progreso. Proporcionar más información de la necesaria puede perder el interés de los interesados y perder tiempo. Un medio directo de comunicación es el preferido por los propietarios de productos ágiles y experimentados.

La capacidad del propietario de un producto para comunicarse de manera efectiva también se mejora al ser experto en técnicas que identifican las necesidades de las partes interesadas, negociar las prioridades entre los intereses de las partes interesadas y colaborar con los desarrolladores para garantizar la implementación efectiva de los requisitos.

Equipo de Desarrollo

El equipo de desarrollo es responsable de entregar incrementos de producto potencialmente realizables en cada sprint (objetivo del sprint).

El equipo tiene de tres a nueve miembros que llevan a cabo todas las tareas requeridas para construir los incrementos del producto (análisis, diseño, desarrollo, pruebas, redacción técnica, etc.). Aunque habrá varias disciplinas representadas en el equipo, sus miembros se denominan genéricamente desarrolladores. Para evitar confusiones potenciales, esto solo se refiere a los programadores, algunas organizaciones llaman a esto un equipo de entrega y sus miembros son solo miembros del equipo.

El equipo de desarrollo de SCRUM se auto-organiza, aunque puede haber interacción con otros roles fuera del equipo, como una oficina de administración de proyecto (PMO).

SCRUM MASTER

SCRUM es facilitado por un maestro de SCRUM, que es responsable de eliminar los impedimentos a la capacidad del equipo para cumplir los objetivos del producto y los resultados. El SCRUM master no es un líder de equipo tradicional o un gerente de proyecto, sino que actúa como un amortiguador entre el equipo y las influencias que lo distraen. El SCRUM master asegura que se sigue el marco de SCRUM. El SCRUM Master ayuda a asegurar que el equipo siga los procesos acordados en el marco de SCRUM, a menudo facilita las sesiones clave y alienta al equipo a mejorar. El rol también se ha mencionado como un facilitador de equipo o un servidor líder para reforzar estas perspectivas duales.

Las responsabilidades principales de un maestro de SCRUM incluyen (pero no están limitadas a):

- Ayudar al propietario del producto a mantener la acumulación de productos de una manera que asegure que el trabajo necesario sea bien entendido para que el equipo pueda avanzar continuamente.
- Ayudar al equipo a determinar la definición de hecho para el producto, con aportes de las partes interesadas clave.
- Entrenar al equipo, dentro de los principios de SCRUM, para entregar características de alta calidad para su producto.
- Promover la auto-organización dentro del equipo.
- Ayudar al equipo SCRUM a evitar o eliminar impedimentos para su progreso, ya sea interno o externo al equipo.
- Facilitar eventos de equipo para asegurar un progreso regular.

- Educar a las partes interesadas clave en el producto sobre los principios de SCRUM
- Acompañar al equipo de desarrollo en <u>auto-organización</u> y funcionalidad cruzada.
- Una de las formas en que el rol del SCRUM master difiere de un gerente de proyecto es que este último puede tener responsabilidades de administración de personas y el SCRUM master no. SCRUM no reconoce formalmente el rol del gerente de proyecto, ya que las tendencias tradicionales de comando y control causarían dificultades.

~

Roles en SCRUM – "Product Owner"

EL DUEÑO DEL PRODUCTO

El propietario del producto es responsable de maximizar el valor del producto y el trabajo del equipo de desarrollo. Cómo se hace esto puede variar ampliamente entre las organizaciones, los equipos de SCRUM y las personas.

El propietario del producto es la única persona responsable de administrar la acumulación de productos. La gestión de la acumulación de productos incluye:

☐ Expresar claramente los ítems del Registro de Producto;
☐ Ordenar los artículos en la Lista de pedidos del Producto para lograr los mejores objetivos y misiones;
☐ Optimizar el valor del trabajo que realiza el Equipo de Desarrollo;
☐ Asegurarse de que el Backlog del Producto sea visible, transparente y claro para todos, y muestre en qué trabajará el SCRUM Team; y,
☐ Asegurar que el Equipo de Desarrollo comprenda los elementos en la Lista de Producto al nivel necesario.

El propietario del producto puede hacer el trabajo anterior o hacer que lo haga el equipo de desarrollo. Sin embargo, el propietario del producto sigue siendo responsable.
El propietario del producto es una persona, no un comité. El propietario del producto puede representar los deseos de un comité en la lista de pedidos del producto, pero aquellos que deseen cambiar la prioridad de un elemento de la cartera de productos deben dirigirse al propietario del producto.

Para que el propietario del producto tenga éxito, toda la organización debe respetar sus decisiones. Las decisiones del propietario del producto son visibles en el contenido y el pedido de la cartera de pedidos del producto. Nadie tiene permiso para decirle al Equipo de Desarrollo que trabaje con un conjunto diferente de requisitos, y el Equipo de Desarrollo no puede actuar de acuerdo con lo que dicen los demás.

~

Roles en SCRUM – "Development Team"

EL EQUIPO DE DESARROLLO

El Equipo de desarrollo está formado por profesionales que realizan el trabajo de entregar un Incremento potencialmente liberable del producto "Hecho" al final de cada Sprint. Solo los miembros del Equipo de Desarrollo crean el Incremento.

Los equipos de desarrollo están estructurados y facultados por la organización para organizar y gestionar su propio trabajo. La sinergia resultante optimiza la eficiencia y eficacia general del equipo de desarrollo.

Los Equipos de Desarrollo tienen las siguientes características:

 Son <u>auto-organizados</u>. Nadie (ni siquiera el SCRUM Master) le dice al Equipo de Desarrollo cómo convertir el Atrasamiento del Producto en Incrementos de funcionalidad potencialmente liberable;
 Los Equipos de desarrollo son multifuncionales, con todas las habilidades necesarias como equipo para crear un Incremento de producto;
 SCRUM no reconoce títulos para los miembros del Equipo de Desarrollo que no sean Desarrolladores, independientemente del trabajo que realice la persona; No hay excepciones para esta regla;
 SCRUM no reconoce sub-equipos en el Equipo de desarrollo, independientemente de los dominios particulares que deben abordarse como pruebas o análisis de negocios; No hay excepciones para esta regla; y,
 Los miembros del Equipo de Desarrollo Individual pueden tener habilidades especializadas y áreas de enfoque, pero la responsabilidad pertenece al Equipo de Desarrollo como un todo.

¿Cuál debería ser el tamaño del equipo de desarrollo?

El tamaño del equipo de desarrollo óptimo es lo suficientemente pequeño como para seguir siendo ágil y lo suficientemente grande como para completar un trabajo significativo dentro de un Sprint. Menos de tres miembros del Equipo de Desarrollo disminuyen la interacción y los resultados en ganancias de productividad más pequeñas. Los Equipos de Desarrollo más pequeños pueden encontrar limitaciones de habilidades durante el Sprint, lo que hace que el Equipo de Desarrollo no pueda entregar un Incremento potencialmente liberable. Tener más de nueve miembros requiere demasiada coordinación. Los grandes equipos de desarrollo generan demasiada complejidad para un proceso empírico de gestión. Los roles Dueño de producto y Maestro de SCRUM no están incluidos en este conteo a menos que también estén ejecutando el trabajo de Sprint Backlog.

~

Roles en SCRUM – "SCRUM Master"

EL SCRUM MASTER →

El SCRUM Master es responsable de garantizar que se entienda y promulgue SCRUM. Los SCRUM Masters hacen esto asegurando que SCRUM Team se adhiere a la teoría, prácticas y reglas de SCRUM.

El SCRUM Master es un sirviente líder del SCRUM Team. El SCRUM Master ayuda a aquellos ajenos al SCRUM Team a comprender cuáles de sus interacciones con el SCRUM Team son útiles y cuáles no. El SCRUM Master ayuda a todos a cambiar estas interacciones para maximizar el valor creado por el equipo de SCRUM. El tamaño del equipo de desarrollo óptimo es lo suficientemente pequeño como para seguir siendo ágil y lo suficientemente grande como para completar un trabajo significativo dentro de un Sprint. Menos de tres miembros del Equipo de Desarrollo disminuyen la interacción y los resultados en ganancias de productividad más pequeñas. Los Equipos de Desarrollo más pequeños pueden encontrar limitaciones de habilidades durante el Sprint, lo que hace que el Equipo de Desarrollo no pueda entregar un Incremento potencialmente liberable. Tener más de nueve miembros requiere demasiada coordinación. Los grandes equipos de desarrollo generan demasiada complejidad para un proceso empírico de gestión. Los roles Dueño de producto y Maestro de SCRUM no están incluidos en este conteo a menos que también estén ejecutando el trabajo de Sprint Backlog.

-

SCRUM MASTER SERVICE PARA EL PROPIETARIO DEL PRODUCTO

SCRUM Master sirve al propietario del producto de varias maneras, que incluyen:

☐ Encontrar técnicas para una gestión eficaz de la acumulación de productos;

☐ Ayudar al equipo de SCRUM a entender la necesidad de elementos claros y concisos de los Atrasos del producto;

☐ Comprender la planificación de productos en un entorno empírico;

☐ Asegurar que el Propietario del Producto sepa cómo organizar el Retraso del Producto para maximizar el valor;

☐ Comprender y practicar la agilidad; y,

☐ Facilitar los eventos de SCRUM según se solicite o necesite.

SCRUM MASTER SERVICE PARA EL EQUIPO DE DESARROLLO

El SCRUM Master sirve al Equipo de Desarrollo de varias maneras, que incluyen:

☐ *Coaching* del equipo de desarrollo en <u>auto-organización</u> y funcionalidad cruzada;

☐ Ayudar al Equipo de Desarrollo a crear productos de alto valor;

☐ Eliminar impedimentos para el progreso del Equipo de Desarrollo;

☐ Facilitar eventos de SCRUM según se solicite o necesite; y,

☐ Asesorar al Equipo de Desarrollo en entornos organizacionales en los cuales SCRUM todavía no se ha adoptado ni entendido completamente.

SCRUM MASTER SERVICE PARA LA ORGANIZACIÓN

El SCRUM Master sirve a la organización de varias maneras, que incluyen:

☐ Liderar y entrenar a la organización en su adopción de SCRUM;

☐ Planificación de implementaciones de SCRUM dentro de la organización;

☐ Ayudar a los empleados y partes interesadas a comprender y promulgar SCRUM y el desarrollo de productos empíricos;

☐ Causar cambios que aumenten la productividad del SCRUM Team; y,

☐ Trabajar con otros SCRUM Masters para aumentar la efectividad de la aplicación de SCRUM en la organización.

~

Workflow del SCRUM

"SPRINT"
SPRINT PLANNING
DAILY SCRUM
SPRINT REVIEW
SPRINT RETROSPECTIVE
EXTENSIONS

"SPRINT"

Un sprint (o iteración) es la unidad básica de desarrollo en SCRUM. El sprint es un esfuerzo *timeboxed*; es decir, está restringido a una duración específica. La duración se fija por adelantado para cada sprint y normalmente es entre una semana y un mes, siendo las dos semanas las más comunes.

Cada sprint comienza con un evento de planificación de sprints que tiene como objetivo definir una acumulación de sprints, identificar el trabajo para el sprint y hacer un pronóstico estimado del objetivo de sprint. Cada sprint termina con una revisión de sprint y una retrospectiva de sprint, que revisa el progreso para mostrar a los interesados e identificar lecciones y mejoras para los próximos sprints.

SCRUM enfatiza el producto de trabajo al final del sprint que realmente se hace. En el caso del software, esto probablemente incluya que el software ha sido completamente integrado, probado y documentado, y potencialmente se puede enviar.

PLANIFICACION DEL SPRINT

Al comienzo de un sprint, el equipo de SCRUM realiza un evento de planificación de sprints para:

- Discutir y acordar mutuamente el alcance del trabajo que se pretende realizar durante ese sprint.
- Seleccionar los elementos atrasados del producto que se pueden completar en un sprint.
- Preparar una acumulación de sprints que incluya el trabajo necesario para completar los elementos atrasados del producto seleccionado.
- Considerar una duración recomendada de cuatro horas para un sprint de dos semanas (prorrateado para otras duraciones de sprint).
    - ✓ Durante la primera mitad, todo el equipo de SCRUM (equipo de desarrollo, maestro de SCRUM y propietario del producto) selecciona los ítems pendientes del producto que creen podrían completarse en ese sprint.
    - ✓ Durante la segunda mitad, el equipo de desarrollo identifica el trabajo detallado (tareas) requerido para completar los elementos atrasados del producto; lo que resulta en un retraso acumulado confirmado.
        - → A medida que se elabora el trabajo detallado, algunos ítems de los atrasos del producto se pueden dividir o volver a colocar en la cartera de pedidos del producto si el equipo ya no cree que puedan completar el trabajo requerido en un solo sprint.
- Una vez que el equipo de desarrollo ha preparado su acumulación de sprints, pronostican (generalmente votando) qué tareas se entregarán dentro del sprint.

SCRUM DIARIO

Todos los días durante un sprint, el equipo realiza un SCRUM diario (o "Stand-Up meeting") con pautas específicas:

- Todos los miembros del equipo de desarrollo vienen preparados. El SCRUM diario:
  - ✓ Comienza precisamente a tiempo, incluso si faltan miembros del equipo de desarrollo
  - ✓ Debe suceder al mismo tiempo y lugar todos los días
  - ✓ Es limitado (timeboxed) a pocos minutos, la cuarta o quinta parte de una hora.
- Cualquiera es bienvenido, aunque solo los miembros del equipo de desarrollo deben contribuir.
- Durante el SCRUM diario, cada miembro del equipo generalmente responde tres preguntas:
  - ✓ ¿Qué completé ayer que contribuyó a que el equipo cumpliera con nuestro objetivo de sprint?
  - ✓ ¿Qué planeo completar hoy para contribuir al equipo que cumple nuestro objetivo de sprint?
  - ✓ ¿Veo algún impedimento que pueda evitar que yo o el equipo logremos nuestro objetivo de sprint?

Cualquier obstáculo identificado en el SCRUM diario debe ser capturado por el maestro de SCRUM y exhibido en el SCRUM board del equipo o en una junta de riesgo compartida, con una persona acordada designada para trabajar hacia una resolución (fuera del SCRUM diario). No debe haber discusiones detalladas durante el SCRUM diario.

Al final de un sprint, el equipo realiza dos eventos: la revisión del sprint y la retrospectiva del sprint.

REVISIÓN DEL SPRINT

En la revisión de sprint, el equipo:

- Se revisa el trabajo que se completó y el trabajo planificado que no se completó.
- Se presenta el trabajo completado a los interesados (por ejemplo, una demostración).
- El equipo y las partes interesadas colaboran sobre qué trabajar en el próximo sprint.

Pautas para las revisiones de sprint:

- El trabajo incompleto no puede ser mostrado.
- La duración recomendada es de dos horas para un sprint de dos semanas (proporcional a otras duraciones de sprint).

RETROSPECTIVA DEL SPRINT

En la retrospectiva de sprint, el equipo:

- Se refleja en el sprint pasado.
- Identifica y acuerda acciones de mejora continua del proceso.

Pautas para las retrospectivas del sprint:

- Se hacen dos preguntas principales en la retrospectiva de sprint: ¿Qué salió bien durante el sprint? ¿Qué se podría mejorar en el próximo sprint?.
- La duración recomendada es de una hora y media para un sprint de dos semanas (proporcional a otras duraciones de sprint).
- Este evento es facilitado por el SCRUM Master.

EXTENSIONES DEL SPRINT

Las siguientes actividades se realizan comúnmente, aunque no son consideradas por todos como una parte central de SCRUM:

Refinamiento del Backlog

El refinamiento del *backlog* (algunas veces llamado *grooming* del *backlog*) es el proceso continuo de revisar los elementos atrasados del producto y verificar que estén apropiadamente priorizados y preparados de una manera que los haga claros y ejecutables para los equipos una vez que ingresen los *sprints* a través de la actividad de planificación del *sprint*. Los artículos atrasados del producto se pueden dividir en varios más pequeños; los criterios de aceptación pueden ser aclarados; y las dependencias, la investigación y el trabajo preparatorio pueden identificarse y acordarse como picos técnicos. Aunque originalmente no era una práctica básica de SCRUM, el refinamiento del trabajo acumulado se agregó a la Guía de SCRUM y se adoptó como una forma de administrar la calidad de los elementos atrasados del producto que entran en un sprint, con una inversión recomendada de hasta 10% de la capacidad de sprint de un equipo. La acumulación también puede incluir deuda técnica (también conocida como deuda de diseño o deuda de código). Este es un concepto en el desarrollo de software que refleja el costo implícito de la repetición adicional causada por la elección de una solución fácil ahora en lugar de usar un mejor enfoque que llevaría más tiempo.

Cancelando un Sprint

El propietario del producto puede cancelar un sprint si es necesario. El propietario del producto puede hacerlo con inputs o información del equipo, del SCRUM master o de la administración. Así, la gerencia puede desear que el propietario del producto cancele un sprint si las circunstancias externas niegan el valor del objetivo del sprint. Si un sprint se cancela de forma anormal, el siguiente paso es realizar una nueva planificación de sprints, donde se revisa el motivo de la finalización.

~

Eventos del SCRUM

Los eventos prescritos se usan en SCRUM para crear regularidad y minimizar la necesidad de reuniones no definidas en SCRUM. Todos los eventos son eventos encerrados en el tiempo, de modo que cada evento tiene una duración máxima. Una vez que comienza un Sprint, su duración es fija y no se puede acortar o alargar. Los eventos restantes pueden finalizar siempre que se logre el objetivo del evento, asegurando que se dedique una cantidad adecuada de tiempo sin permitir el desperdicio en el proceso.

Además del Sprint mismo, que es un contenedor para todos los demás eventos, cada evento en SCRUM es una oportunidad formal para inspeccionar y adaptar algo. Estos eventos están específicamente diseñados para permitir una transparencia e inspección críticas. Si no se incluye alguno de estos eventos, se reduce la transparencia y se pierde la oportunidad de inspeccionar y adaptar.

~

Eventos del SCRUM – "The Sprint"

El corazón de SCRUM es un Sprint, un cuadro de tiempo de un mes o menos durante el cual se crea un Incremento de producto "Hecho", utilizable y potencialmente liberable. Los Sprints tienen mejor duración constante a lo largo de un esfuerzo de desarrollo. Un nuevo Sprint comienza inmediatamente después de la conclusión del Sprint anterior.

Los sprints contienen y consisten en Sprint Planning, Daily SCRUMs, el trabajo de desarrollo, Sprint Review y Sprint Retrospective.

Durante el Sprint:

□ No se realizan cambios que pondrían en peligro la Meta de Sprint;
□ Las metas de calidad no disminuyen; y,
□ El alcance se puede aclarar y renegociar entre el propietario del producto y el equipo de desarrollo a medida que se aprende más.

Cada Sprint puede considerarse un proyecto con un horizonte no mayor a un mes. Al igual que los proyectos, Sprints se utilizan para lograr algo. Cada Sprint tiene una definición de lo que se construirá, un diseño y un plan flexible que guiará su construcción, el trabajo y el producto resultante.

Los Sprints están limitados a un mes calendario. Cuando el horizonte de un Sprint es demasiado largo, la definición de lo que se está construyendo puede cambiar, la complejidad puede aumentar y el riesgo puede aumentar. Los Sprints permiten la previsibilidad al garantizar la inspección y la adaptación del progreso hacia un objetivo de Sprint al menos cada mes calendario. Los Sprints también limitan el riesgo a un mes calendario de costo.

-

¿Cancelar un Sprint?

Se puede cancelar un Sprint antes de que termine Sprint time-box. Solo el Propietario del Producto tiene la autoridad para cancelar el Sprint, aunque puede hacerlo bajo la influencia de las partes interesadas, el Equipo de Desarrollo o el SCRUM Master. Un Sprint se cancelará si el objetivo de Sprint se vuelve obsoleto. Esto podría ocurrir si la empresa cambia de dirección o si cambian las condiciones del mercado o la tecnología. En general, un Sprint debería ser cancelado si ya no tiene sentido dadas las circunstancias. Pero, debido a la corta duración de Sprints, la cancelación raramente tiene sentido.

Cuando se cancela un Sprint, se revisan todos los ítems pendientes de completar del Producto "Hecho". Si parte del trabajo es potencialmente liberable, el propietario del producto generalmente lo acepta. Todos los elementos incompletos del Backlog del producto se vuelven a estimar y se vuelven a colocar en el Backlog del Producto. El trabajo realizado en ellos se deprecia rápidamente y debe volver a estimarse con frecuencia. Las cancelaciones de Sprint consumen recursos, ya que todos deben reagruparse en otro plan de Sprint para comenzar otro Sprint. Las cancelaciones de Sprint suelen ser traumáticas para el equipo de SCRUM, y son muy poco frecuentes.

~

Eventos del SCRUM – "Sprint Planning"

El trabajo que se realizará en el Sprint está planificado en Sprint Planning. Este plan es creado por el trabajo colaborativo de todo el equipo de SCRUM.

La planificación de Sprint está sincronizada en el tiempo hasta un máximo de ocho horas para un Sprint de un mes. Para Sprints más cortos, el evento suele ser más corto. El SCRUM Master asegura que el evento tenga lugar y que los asistentes entiendan su propósito. El SCRUM Master le enseña al SCRUM Team a mantenerlo dentro del time-box.

Sprint Planning responde lo siguiente:

□ ¿Qué se puede entregar en el Incremento resultante del próximo Sprint?
□ ¿Cómo se logrará el trabajo necesario para lograr el Incremento?

Tema uno: ¿Qué se puede hacer en este Sprint?

El equipo de desarrollo trabaja para pronosticar la funcionalidad que se desarrollará durante el Sprint. El Propietario del producto analiza el objetivo que debe alcanzar Sprint y los elementos del Registro de Producto que, si se completan en el Sprint, alcanzarían la Meta de Sprint. Todo el equipo de SCRUM colabora en la comprensión del trabajo de Sprint.

El aporte a esta reunión es el Atrio del producto, el último Incremento del producto, la capacidad proyectada del Equipo de desarrollo durante el Sprint y el desempeño anterior del Equipo de desarrollo. La cantidad de elementos seleccionados del Backlog del Producto para Sprint depende exclusivamente del Equipo de Desarrollo. Solo el Equipo de Desarrollo puede evaluar lo que puede lograr con el próximo Sprint.

Después de que el Equipo de desarrollo predice los elementos del Producto pendiente de entrega que se entregarán en el Sprint, el Equipo de SCRUM crea un Objetivo de Sprint. La meta de Sprint es un objetivo que se cumplirá dentro del Sprint a través de la implementación de la cartera de pedidos del producto, y proporciona orientación al equipo de desarrollo sobre por qué está construyendo el incremento.

Tema dos: ¿Cómo se realizará el trabajo elegido?

Después de establecer la Meta de Sprint y seleccionar los ítems de la Lista de Apertura de Producto para Sprint, el Equipo de Desarrollo decide cómo se convertirá esta funcionalidad en un Incremento de producto "Hecho" durante la Sprint. Los elementos del Registro de productos pendientes seleccionados para este Sprint más el plan para entregarlos se denominan pedidos pendientes de Sprint.

El equipo de desarrollo generalmente comienza diseñando el sistema y el trabajo necesario para convertir la cartera de pedidos del producto en un incremento de producto en funcionamiento. El trabajo puede ser de diferente tamaño o esfuerzo estimado. Sin embargo, se planea trabajar lo suficiente durante la planificación de Sprint para que el equipo de desarrollo pronostique lo que cree que puede hacer en el próximo Sprint. El trabajo planificado para los primeros días del Sprint por parte del Equipo de Desarrollo se descompone al final de esta reunión, a menudo en unidades de un día o menos. El equipo de desarrollo se auto-organiza para llevar a cabo el trabajo en la acumulación de Sprint, tanto durante la planificación Sprint como según sea necesario durante todo el Sprint.

El propietario del producto puede ayudarlo a aclarar los elementos seleccionados de la cartera de productos pendientes y a realizar intercambios. Si el Equipo de desarrollo determina que tiene demasiado o muy poco trabajo, puede renegociar los elementos del Registro de productos seleccionados con el Propietario del producto. El Equipo de desarrollo también puede invitar a otras personas a asistir para proporcionar asesoramiento técnico o de dominio.

Al final de la planificación de Sprint, el equipo de desarrollo debe poder explicarle al propietario del producto y al SCRUM Master cómo se propone trabajar como un equipo auto-organizado para lograr la meta de Sprint y crear el incremento previsto.

Meta del Sprint

Sprint Goal es un conjunto de objetivos para Sprint que se puede cumplir a través de la implementación de Product Backlog. Brinda orientación al Equipo de Desarrollo sobre por qué está construyendo el Incremento. Se crea durante la reunión de planificación de Sprint. El objetivo de Sprint le da al equipo de desarrollo cierta flexibilidad con respecto a la funcionalidad implementada dentro del Sprint. Los ítems del Registro de Producto seleccionado entregan una función coherente, que puede ser el Objetivo de Sprint. El objetivo de Sprint puede ser cualquier otra coherencia que haga que el equipo de desarrollo trabaje conjuntamente en lugar de iniciativas separadas.

A medida que el Equipo de Desarrollo trabaja, mantiene el Objetivo de Sprint en mente. Para satisfacer el objetivo de Sprint, implementa la funcionalidad y la tecnología. Si el trabajo resulta ser diferente de lo esperado por el equipo de desarrollo, colaboran con el propietario del producto para negociar el alcance de Sprint Backlog dentro del Sprint.

~

Eventos del SCRUM – "Daily SCRUM"

El Daily SCRUM es un evento de 15 minutos en el que el Equipo de Desarrollo sincroniza las actividades y crea un plan para las próximas 24 horas. Esto se hace inspeccionando el trabajo desde el último Daily SCRUM y pronosticando el trabajo que podría hacerse antes del próximo.

El Daily SCRUM se lleva a cabo al mismo tiempo y lugar cada día para reducir la complejidad.

Durante la reunión, los miembros del Equipo de Desarrollo explican:

□ ¿Qué hice ayer que ayudó al Equipo de Desarrollo a cumplir la Meta de Sprint?
□ ¿Qué voy a hacer hoy para ayudar al Equipo de Desarrollo a cumplir con la Meta de Sprint?
□ ¿Veo algún impedimento que me impida a mí o al Equipo de Desarrollo cumplir con la Meta de Sprint?

El equipo de desarrollo utiliza el Daily SCRUM para inspeccionar el progreso hacia la meta de Sprint e inspeccionar cómo avanza el progreso hacia completar el trabajo en la acumulación de Sprint. Daily SCRUM optimiza la probabilidad de que el equipo de desarrollo cumpla con la meta de Sprint. Todos los días, el Equipo de Desarrollo debe entender cómo se propone trabajar juntos como un equipo auto-organizado para lograr la Meta de Sprint y crear el Incremento previsto para el final del Sprint. El Equipo de Desarrollo o los miembros del equipo a menudo se reúnen inmediatamente después del Daily SCRUM para discusiones detalladas, o para adaptar, o replanificar, el resto del trabajo de Sprint.

El SCRUM Master se asegura de que el equipo de desarrollo tenga la reunión, pero el equipo de desarrollo es responsable de realizar el Daily SCRUM. El SCRUM Master le enseña al Equipo de Desarrollo a mantener el Daily SCRUM dentro de la caja de tiempo de 15 minutos.

El SCRUM Master impone la regla de que solo los miembros del Equipo de Desarrollo participen en el Daily SCRUM.
Los SCRUMs diarios mejoran las comunicaciones, eliminan otras reuniones, identifican los impedimentos al desarrollo para su eliminación, destacan y promueven la toma de decisiones rápida, y mejoran el nivel de conocimiento del Equipo de Desarrollo. Esta es una reunión clave para inspeccionar y adaptar.

~

Eventos del SCRUM – "Sprint Review"

Una Revisión de Sprint se lleva a cabo al final del Sprint para inspeccionar el Incremento y adaptar el Retraso del Producto si es necesario. Durante la Revisión de Sprint, el Equipo de SCRUM y las partes interesadas colaboran sobre lo que se hizo en el Sprint. En función de eso y de cualquier cambio en la acumulación de productos durante el Sprint, los asistentes colaboran en las siguientes cosas que podrían hacerse para optimizar el valor. Esta es una reunión informal, no una reunión de estado, y la presentación del Incremento tiene la intención de obtener retroalimentación y fomentar la colaboración.

Esta es una reunión de cuatro horas en el tiempo para Sprints de un mes. Para Sprints más cortos, el evento suele ser más corto. El SCRUM Master asegura que el evento tenga lugar y que los asistentes entiendan su propósito. El SCRUM Master enseña todo para mantenerlo dentro del time-box.

La Revisión de Sprint incluye los siguientes elementos:

☐ Los asistentes incluyen el equipo de SCRUM y las partes interesadas clave invitadas por el propietario del producto;

☐ El Propietario del Producto explica qué elementos del Registro de Producto se han "Hecho" y qué no se ha "Hecho";

☐ El Equipo de Desarrollo discute qué fue bien durante el Sprint, qué problemas encontró y cómo se resolvieron esos problemas;

☐ El Equipo de Desarrollo demuestra el trabajo que tiene "Hecho" y responde preguntas sobre el Incremento;

☐ El Propietario del producto analiza la acumulación de productos tal como está. Él o ella proyecta fechas de finalización probables basadas en el progreso hasta la fecha (si es necesario);

☐ Todo el grupo colabora sobre qué hacer a continuación, para que Sprint Review proporcione información valiosa para la siguiente planificación de Sprint;

☐ Revisión de cómo el mercado o el uso potencial del producto podría haber cambiado, qué es lo más valioso que se puede hacer a continuación; y,

☐ Revisión de la línea de tiempo, el presupuesto, las capacidades potenciales y el mercado para la próxima versión anticipada del producto.

El resultado de Sprint Review es un Backlog del producto revisado que define los elementos probables del Backlog del producto para el próximo Sprint. La acumulación de productos también se puede ajustar en general para encontrar nuevas oportunidades.

~

Eventos del SCRUM – "Sprint Retrospective"

La Retrospectiva de Sprint es una oportunidad para que SCRUM Team se inspeccione a sí mismo y cree un plan para que se implementen mejoras durante el próximo Sprint.

La Retrospectiva Sprint ocurre después de la Revisión Sprint y antes de la próxima Planificación Sprint. Esta es una reunión de tres horas en el tiempo para Sprints de un mes. Para Sprints más cortos, el evento suele ser más corto.

El SCRUM Master asegura que el evento tenga lugar y que los asistentes entiendan su propósito. El SCRUM Master enseña todo para mantenerlo dentro del time-box. El SCRUM Master participa como miembro del equipo de pares en la reunión desde la responsabilidad sobre el proceso de SCRUM.

El propósito de la Retrospectiva de Sprint es:

    ☐ Inspeccionar cómo fue el último Sprint con respecto a personas, relaciones, procesos y herramientas;
    ☐ Identificar y ordenar los elementos principales que fueron bien y las posibles mejoras; y,
    ☐ Crear un plan para implementar mejoras en la forma en que el equipo de SCRUM hace su trabajo.

El SCRUM Master alienta al SCRUM Team a mejorar, dentro del marco del proceso de SCRUM, su proceso de desarrollo y prácticas para hacerlo más efectivo y agradable para el próximo Sprint. Durante cada retrospectiva de Sprint, el equipo de SCRUM planifica formas de aumentar la calidad del producto al adaptar la definición de "Hecho" según corresponda.

Al final de la Retrospectiva de Sprint, el equipo de SCRUM debería haber identificado las mejoras que implementará en el próximo Sprint. Implementar estas mejoras en el próximo Sprint es la adaptación a la inspección del propio SCRUM Team. Si bien las mejoras pueden implementarse en cualquier momento, la Retrospectiva de Sprint ofrece una oportunidad formal para centrarse en la inspección y la adaptación.

~

Artefactos del SCRUM – I, Generalidades

PILA DE PRODUCTO (PRODUCT BACKLOG)

La cartera de pedidos del producto comprende una lista ordenada de los requisitos del producto que un equipo de SCRUM mantiene para un producto. El formato de los elementos atrasados del producto varía, los formatos comunes incluyen historias de usuarios, casos de uso o cualquier otro formato de requisitos que el equipo considere útil. Estos definirán las características, las correcciones de errores, los requisitos no funcionales, etc., lo que se debe hacer para entregar con éxito un producto viable. El propietario del producto prioriza los artículos atrasados del producto (*Product Backlog Items* o PBIs) según consideraciones tales como el riesgo, el valor comercial, las dependencias, el tamaño y la fecha necesarios.

La acumulación de productos es lo que se entregará, ordenado en la secuencia en la que se debe entregar. Es visible para todos, pero solo se puede cambiar con el consentimiento del propietario del producto, que es el responsable final de ordenar los elementos de los pedidos atrasados del producto para que el equipo de desarrollo los elija.

El *backlog* del producto o *"acumulación de productos"* contiene la evaluación del valor comercial por parte del propietario del producto y la evaluación del esfuerzo de desarrollo por parte del equipo de desarrollo, que a menudo, pero no siempre, se indican en los puntos de la historia con la *Escala Redondeada de Fibonacci*. Estas estimaciones ayudan al propietario del producto a medir la línea de tiempo y pueden influir en el orden de los elementos atrasados del producto; por ejemplo, si dos características tienen el mismo valor de negocio, el propietario del producto puede programar la entrega anterior de la que tiene un menor esfuerzo de desarrollo (porque el retorno de la inversión es mayor) o la que tiene un mayor esfuerzo de desarrollo (porque es más compleja o más riesgosa, y quieren retirar ese riesgo antes).

La cartera de pedidos del producto y el valor comercial de cada artículo acumulado del producto son responsabilidad del propietario del producto. Sin embargo, el tamaño (es decir, la complejidad o el esfuerzo estimados) de cada elemento está determinado por el equipo de desarrollo, que contribuye con el tamaño de los puntos de la historia o las horas estimadas.

SCRUM recomienda que se asigne el rol de propietario del producto. El propietario del producto es responsable de maximizar el valor del producto. El propietario del producto reúne información y recibe retroalimentación de muchas personas, y muchas personas la presionan, pero al final hace un llamado a lo que se genera.

La acumulación de productos:

- Captura solicitudes para modificar un producto, incluidas funciones nuevas, reemplazo de funciones antiguas, eliminación de características y solución de problemas.

- Garantiza que el equipo de desarrollo tenga un trabajo que maximice los beneficios comerciales para el propietario del producto.

Normalmente, el propietario del producto y el equipo de SCRUM se reúnen y escriben todo lo que se debe priorizar, y esto se convierte en contenido para el primer sprint, que es un bloque de tiempo destinado al trabajo enfocado en elementos seleccionados que pueden acomodarse dentro de un marco de tiempo. La acumulación de productos puede evolucionar a medida que surgen nuevas superficies de información sobre el producto y sus clientes, por lo que los sprints posteriores pueden abordar nuevos trabajos.

Los siguientes elementos generalmente comprenden una acumulación de productos: *características, errores, trabajos técnicos y adquisición de conocimiento.*

Se desea una característica, mientras que un error es involuntario o no deseado (pero puede no ser necesariamente algo defectuoso). Un caso de trabajo técnico podría ser ejecutar una comprobación de virus en todas las estaciones de trabajo de los desarrolladores. Un caso de adquisición de conocimiento podría ser buscar bibliotecas de *plugins* de *Wordpress* y hacer una selección.

Administración

Una acumulación de productos, en su forma más simple, es simplemente una lista de elementos para trabajar. Tener reglas bien establecidas sobre cómo se agrega, elimina y ordena el trabajo ayuda a todo el equipo a tomar mejores decisiones sobre cómo cambiar el producto.

El propietario del producto prioriza los artículos atrasados del producto en función de los que se necesiten lo antes posible. El equipo luego elige qué elementos puede completar en el próximo sprint. En el *SCRUM board*, el equipo mueve los elementos de la cartera de pedidos de productos al resumen de sprints, que es la lista de elementos que crearán. Conceptualmente, es ideal para el equipo seleccionar solo lo que creen que pueden lograr desde la parte superior de la lista, pero no es inusual ver en la práctica que los equipos pueden tomar elementos de menor prioridad de la lista junto con la parte superior. Esto normalmente ocurre porque queda tiempo dentro del sprint para acomodar más trabajo. Los elementos que se encuentran en la parte superior son los elementos para trabajar primero, se deben dividir en historias (*stories*) que sean adecuadas para que el equipo de desarrollo trabaje. Cuanto más abajo vaya, menos refinados serán los artículos. Como lo expresan Schwaber y Beedle: "Cuanto menor es la prioridad, menos detalles, hasta que apenas se puede distinguir el elemento atrasado".

A medida que el equipo trabaja en la acumulación, debe suponerse que el cambio ocurre fuera de su entorno: el equipo puede conocer las nuevas oportunidades de mercado para aprovechar, las amenazas de la competencia que surgen y los comentarios de los clientes que pueden cambiar la forma en que se diseñó el producto. Todas estas nuevas ideas tienden a provocar que el equipo adapte el trabajo atrasado para incorporar nuevos conocimientos. Esto es parte de la mentalidad fundamental de un equipo ágil. El mundo cambia, el *backlog* o el trabajo acumulado nunca termina.

PILA DEL SPRINT (SPRINT BACKLOG)

La acumulación de *sprints* o "atrasos" del sprint es la lista de trabajo que el equipo de desarrollo debe abordar durante el próximo sprint. La lista es derivada por el equipo de SCRUM seleccionando progresivamente los elementos de los atrasos del producto en orden de prioridad desde la parte superior de la acumulación de productos hasta que sientan que tienen suficiente trabajo para completar el sprint. El equipo de desarrollo debe tener en cuenta su desempeño anterior para evaluar su capacidad para el nuevo sprint, y usar esto como una guía de cuánto "esfuerzo" puede completar.

El equipo de desarrollo puede dividir las tareas pendientes del producto en tareas. Las tareas en el atraso de sprint nunca se asignan; más bien, los miembros del equipo registran las tareas según sea necesario de acuerdo con la prioridad establecida y las habilidades del equipo. Esto promueve la auto-organización del equipo de desarrollo y la aceptación del desarrollador.

La acumulación de *sprints* es propiedad del equipo de desarrollo, y todas las estimaciones incluidas son proporcionadas por el equipo de desarrollo. A menudo, se utiliza un tablero de tareas para ver y cambiar el estado de las tareas del sprint actual, como "para hacer", "en progreso" y "listo".

Una vez que se ha confirmado el retraso en el sprint, no se puede agregar trabajo adicional a la acumulación de *sprints*, excepto por parte del equipo. Una vez que se ha entregado un sprint, el *backlog* del producto se analiza y se prioriza si es necesario, y se selecciona el siguiente conjunto de funcionalidades para el siguiente sprint.

INCREMENTO DE PRODUCTO (PSI)

También conocido como *"potentially shippable increment"* (o incremento potencialmente realizable) es la suma de todos los ítems pendientes de los productos completados durante un sprint, integrados con el trabajo de todos los *sprints* previos. Al final de un sprint, el incremento debe ser completado, de acuerdo con la definición de algo que ya fue hecho (*"definition of done"* o DoD) del equipo de SCRUM, en pleno funcionamiento y en condiciones de uso, independientemente de si el propietario del producto decide liberarlo.

EXTENSIONES

Los siguientes "artefactos" se usan comúnmente, aunque no son considerados por todos como una parte central de SCRUM:

Sprint burn-down Chart

El burn-down chart del sprint es un gráfico que se muestra en público donde se indica el trabajo restante en la acumulación de sprints. Actualizado todos los días, ofrece una vista simple del progreso del sprint. También proporciona visualizaciones rápidas para referencia. El eje horizontal del gráfico muestra los días en un sprint, mientras que el eje vertical muestra la cantidad de trabajo restante cada día (por lo general, representa la estimación de las horas de trabajo restantes).

Durante la planificación del sprint, se grafica el diagrama ideal de burndown. Luego, durante el sprint, cada miembro recoge las tareas de la acumulación de sprints y las trabaja. Al final del día, actualizan las horas restantes para completar las tareas. De esta forma, el gráfico real de burndown se actualiza día a día.

Release burn-up Chart

 El burn-up chart es una forma para que el equipo brinde visibilidad y rastree el progreso hacia un lanzamiento. Actualizado al final de cada sprint, muestra el progreso hacia la entrega de un alcance de pronóstico. El eje horizontal del gráfico muestra los sprints en un lanzamiento, mientras que el eje vertical muestra la cantidad de trabajo completado al final de cada sprint (típicamente representa los puntos acumulados del trabajo completado). El progreso se traza como una línea que crece hasta alcanzar una línea horizontal que representa el alcance del pronóstico; a menudo se muestra con un pronóstico, basado en el progreso hasta la fecha, que indica cuánto alcance puede ser completado por una fecha de lanzamiento determinada o cuántos sprints se necesitarán para completar el alcance dado.

Este diagrama hace que sea fácil ver cuánto trabajo se ha completado, cuánto trabajo se ha agregado o eliminado (si se mueve la línea de alcance horizontal) y cuánto trabajo queda por hacer.

Definición de lo que está Hecho (DoD)

El criterio de salida para determinar si un elemento atrasado del producto está completo. En muchos casos, el DoD requiere que todas las pruebas de regresión sean exitosas. La definición de lo hecho puede variar de un equipo de SCRUM a otro, pero debe ser coherente dentro de un equipo.

Velocidad

El esfuerzo total que un equipo es capaz de hacer en un sprint. El número se obtiene evaluando el trabajo (generalmente en los puntos de historia del usuario) completado en el último sprint. La recopilación de datos históricos de velocidad es una guía para ayudar al equipo a comprender la cantidad de trabajo que probablemente puedan lograr en un sprint futuro.

"Spike"

Un período time-boxed utilizado para investigar un concepto o crear un prototipo simple. Los picos se pueden planear para que se lleven a cabo entre sprints o, para equipos más grandes, un spike se puede aceptar como uno de los muchos objetivos de sprint. Los picos a menudo se introducen antes de la entrega de artículos atrasados de productos grandes o complejos con el fin de asegurar el presupuesto, ampliar el conocimiento o producir una prueba de concepto. La duración y el objetivo (s) de un pico se acuerdan entre el propietario del producto y el equipo de desarrollo antes del inicio. A diferencia de los compromisos del sprint, los picos pueden o no proporcionar una funcionalidad tangible, *enviable* y valiosa. El objetivo de un pico puede ser llegar a una decisión exitosa sobre un curso de acción. El aumento finaliza cuando se acaba el tiempo, no necesariamente cuando se ha entregado el objetivo.

"Tracer Bullet"

También llamado *"drone spike"*, una "bala trazadora" es un spike con la arquitectura actual, el conjunto de tecnología actual, el conjunto actual de mejores prácticas que da como resultado un código de calidad de producción. Puede ser una implementación muy limitada de la funcionalidad, pero no es un código desechable. Es de calidad de producción, y el resto de las iteraciones pueden basarse en este código. El nombre tiene orígenes militares como la munición que hace que el camino de la bala sea visible, permitiendo correcciones. A menudo, estas implementaciones son una "captura rápida" en todas las capas de una aplicación, como la conexión de un campo de entrada de un solo formulario al *back-end*, para comprobar que las capas se conectan como se esperaba.

~

Artefactos del SCRUM – II, Especificidades

Los artefactos de SCRUM representan trabajo o valor para proporcionar transparencia y oportunidades para inspección y adaptación. Los artefactos definidos por SCRUM están diseñados específicamente para maximizar la transparencia de la información clave para que todos tengan la misma comprensión del artefacto.

→ Product Backlog (Pila de Producto)

La cartera de pedidos del producto es una lista ordenada de todo lo que podría necesitarse en el producto y es la única fuente de requisitos para realizar cualquier cambio en el producto. El propietario del producto es responsable de la acumulación de productos, incluidos su contenido, disponibilidad y pedidos.

Un Backlog de Producto nunca está completo. El primer desarrollo de este solo establece los requisitos inicialmente conocidos y mejor entendidos. El Backlog del producto evoluciona a medida que el producto y el entorno en el que se utilizará evolucionan. La cartera de pedidos del producto es dinámica; cambia constantemente para identificar lo que el producto necesita para ser apropiado, competitivo y útil. Mientras exista un producto, también existe su Product Backlog.

La Lista de Atrasos del Producto enumera todas las características, funciones, requisitos, mejoras y soluciones que constituyen los cambios que se realizarán en futuras versiones. Los elementos de los Atrasos del producto tienen los atributos de una descripción, orden, estimación y valor.

A medida que un producto se utiliza y gana valor, y el mercado proporciona comentarios, la cartera de pedidos del producto se convierte en una lista más amplia y exhaustiva. Los requisitos nunca dejan de cambiar, por lo que una Cartera de Producto es un artefacto viviente. Los cambios en los requisitos del negocio, las condiciones del mercado o la tecnología pueden causar cambios en la acumulación de productos.

Múltiples equipos de SCRUM a menudo trabajan juntos en el mismo producto. One Product Backlog se usa para describir el próximo trabajo sobre el producto. A continuación, se puede emplear un atributo de Product Backlog que agrupa elementos.

El refinamiento de la acumulación de productos es el acto de agregar detalles, estimaciones y pedidos a los artículos en la cartera de pedidos del producto. Este es un proceso continuo en el que el Propietario del producto y el Equipo de desarrollo colaboran en los detalles de los elementos de los Atrasos del producto. Durante el refinamiento de la acumulación de productos, los artículos se revisan y revisan. El equipo de SCRUM decide cómo y cuándo se realiza el refinamiento. El refinamiento usualmente no consume más del 10% de la capacidad del Equipo de Desarrollo. Sin embargo, el Propietario del producto puede actualizar los elementos de los Aberturas del Producto o a discreción del Propietario del Producto.

Las partidas de pedidos acumulados de productos más altos suelen ser más claras y detalladas que las menos solicitadas. Se hacen estimaciones más precisas basadas en la mayor claridad y mayor detalle; cuanto menor es el orden, menos detalles. Los ítems del Registro atrasado de productos que ocuparán el Equipo de desarrollo para el próximo Sprint se refinarán para que cualquier ítem pueda ser "Listo" dentro del casillero de Sprint. Los elementos del Registro de Producto que el Equipo de Desarrollo puede "Hacer" dentro de un Sprint se consideran "Listo" para su selección en un Plan de Sprint. Los artículos del Registro de Producto generalmente adquieren este grado de transparencia a través de las actividades de refinación descritas anteriormente.

El equipo de desarrollo es responsable de todas las estimaciones. El propietario del producto puede influir en el equipo de desarrollo ayudándolo a comprender y seleccionar concesiones, pero las personas que realizarán el trabajo harán la estimación final.

→ Monitoreo del progreso hacia un objetivo

En cualquier momento, se puede resumir el trabajo total restante para alcanzar un objetivo. El Product Owner hace un seguimiento de este trabajo total restante al menos en cada Sprint Review. El Propietario del Producto compara esta cantidad con el trabajo restante en Revisiones de Sprint anteriores para evaluar el progreso hacia la finalización del trabajo proyectado en el tiempo deseado para la meta. Esta información se hace transparente para todos los interesados.

Se han utilizado diversas prácticas proyectivas sobre la tendencia para pronosticar el progreso, como quemas, quemas o flujos acumulativos. Estos han demostrado ser útiles. Sin embargo, estos no reemplazan la importancia del empirismo. En entornos complejos, lo que sucederá es desconocido. Solo lo que sucedió puede usarse para la toma de decisiones prospectiva.

→ Sprint Backlog (Pila del Sprint)

Sprint Backlog es el conjunto de ítems del Backlog del Producto seleccionado para Sprint, más un plan para entregar el Incremento del producto y realizar el Sprint Goal. Sprint Backlog es un pronóstico del Equipo de Desarrollo sobre qué funcionalidad será en el próximo Incremento y el trabajo necesario para entregar esa funcionalidad en un Incremento "Hecho".

Sprint Backlog hace visible todo el trabajo que el equipo de desarrollo identifica como necesario para cumplir con la meta de Sprint.

Sprint Backlog es un plan con suficiente detalle para que los cambios en el progreso se puedan entender en Daily SCRUM. El Equipo de desarrollo modifica la acumulación de Sprint durante todo el Sprint, y la acumulación de Sprint emerge durante el Sprint. Este surgimiento ocurre cuando el Equipo de Desarrollo trabaja a través del plan y aprende más sobre el trabajo necesario para lograr la Meta de Sprint.

A medida que se requiere un nuevo trabajo, el Equipo de Desarrollo lo agrega a la Lista de espera de Sprint. A medida que se realiza o completa el trabajo, se actualiza el trabajo restante estimado. Cuando los elementos del plan se consideran innecesarios, se eliminan. Solo el equipo de desarrollo puede cambiar su acumulación de Sprint durante un Sprint. Sprint Backlog es una imagen muy visible y en tiempo real del trabajo que el equipo de desarrollo planea realizar durante el Sprint, y pertenece únicamente al equipo de desarrollo.

→ Monitoreo del progreso de Sprint

En cualquier momento en un Sprint, se puede sumar el trabajo total que queda en Sprint Backlog. El Equipo de Desarrollo sigue este trabajo total restante al menos para cada Daily SCRUM para proyectar la probabilidad de alcanzar el Objetivo Sprint. Al rastrear el trabajo restante a lo largo del Sprint, el Equipo de Desarrollo puede gestionar su progreso.

→ Incremento

El Incremento es la suma de todos los ítems del Backlog del Producto completados durante un Sprint y el valor de los incrementos de todos los Sprints previos. Al final de un Sprint, el nuevo Incremento debe ser "Hecho", lo que significa que debe estar en condiciones utilizables y cumplir con la definición de "Hecho" del Equipo SCRUM. Debe estar en condiciones de uso independientemente de si el Propietario del Producto decide realmente liberarlo.

~

Artefactos del SCRUM – III, Transparencia

SCRUM se basa en la transparencia. Las decisiones para optimizar el valor y controlar el riesgo se basan en el estado percibido de los artefactos. En la medida en que se complete la transparencia, estas decisiones tienen una base sólida. En la medida en que los artefactos son incompletamente transparentes, estas decisiones pueden ser defectuosas, el valor puede disminuir y el riesgo puede aumentar.

El SCRUM Master debe trabajar con el propietario del producto, el equipo de desarrollo y otras partes involucradas para comprender si los artefactos son completamente transparentes. Hay prácticas para hacer frente a la transparencia incompleta; el SCRUM Master debe ayudar a todos a aplicar las prácticas más adecuadas en ausencia de una transparencia completa. Un SCRUM Master puede detectar una transparencia incompleta inspeccionando los artefactos, detectando patrones, escuchando atentamente lo que se dice y detectando diferencias entre los resultados esperados y los reales.

El trabajo del SCRUM Master es trabajar con el equipo de SCRUM y la organización para aumentar la transparencia de los artefactos. Este trabajo generalmente implica aprender, convencer y cambiar. La transparencia no ocurre de la noche a la mañana, sino que es una ruta.

Definición de "Hecho"

Cuando un ítem de Atasco del Producto o un Incremento se describe como "Hecho", todos deben entender qué significa "Hecho". Aunque esto varía significativamente según el Equipo de SCRUM, los miembros deben tener una comprensión compartida de lo que significa que el trabajo se complete, para garantizar la transparencia. Esta es la definición de "Hecho" para el Equipo de SCRUM y se usa para evaluar cuándo se completa el trabajo en el Incremento del producto.

La misma definición guía al equipo de desarrollo a saber cuántos ítems del inventario de productos puede seleccionar durante una planificación de Sprint. El propósito de cada Sprint es ofrecer incrementos de funcionalidades potencialmente liberables que se adhieren a la definición actual de "Hecho" del equipo SCRUM. Los equipos de desarrollo ofrecen un incremento de la funcionalidad del producto cada Sprint. Este Incremento es utilizable, por lo que un Propietario del Producto puede elegir lanzarlo inmediatamente. Si la definición de "hecho" para un incremento es parte de las convenciones, estándares o directrices de la organización de desarrollo, todos los equipos de SCRUM deben seguirla como mínimo. Si "hecho" para un incremento no es una convención de la organización de desarrollo, el Equipo de Desarrollo del Equipo de SCRUM debe definir una definición de "hecho" apropiado para el producto. Si hay varios equipos de SCRUM trabajando en el lanzamiento del sistema o producto, los equipos de desarrollo en todos los equipos de SCRUM deben definir mutuamente la definición de "Hecho".

Cada Incremento es aditivo a todos los Incrementos anteriores y probado minuciosamente, asegurando que todos los Incrementos trabajen juntos.

A medida que los equipos SCRUM maduren, se espera que sus definiciones de "Hecho" se amplíen para incluir criterios más estrictos para una mayor calidad. Cualquier producto o sistema debe tener una definición de "Hecho" que es un estándar para cualquier trabajo realizado en él.

~

Limitaciones al SCRUM

SCRUM no funciona muy bien en las siguientes circunstancias:

- **Equipos cuyos miembros están geográficamente dispersos o trabajan a tiempo parcial**: en SCRUM, los desarrolladores deben tener una interacción cercana y constante, idealmente trabajando juntos en el mismo espacio la mayor parte del tiempo. Si bien las mejoras recientes en la tecnología han reducido el impacto de estas barreras (como la posibilidad de colaborar en una pizarra digital), el manifiesto "Agile" afirma que la mejor comunicación es cara a cara.

- **Equipos cuyos miembros tienen habilidades muy especializadas**: en SCRUM, los desarrolladores deberían poder trabajar en cualquier tarea o retomar el trabajo que haya iniciado otro desarrollador. Esto puede ser manejado por un buen liderazgo de SCRUM. Si bien los miembros del equipo con habilidades muy específicas pueden contribuir y contribuyen bien, se les debe alentar a que aprendan más y colaboren con otras disciplinas.

- **Productos con muchas dependencias externas**: en SCRUM, dividir el desarrollo del producto en sprints cortos requiere una planificación cuidadosa; las dependencias externas, como las entregas de software de otros equipos, pueden provocar retrasos y fallas en los sprints individuales.

- **Productos que están maduros o heredados o con control de calidad regulado**: en SCRUM, los incrementos del producto deben desarrollarse y probarse completamente en un solo sprint; los productos que necesitan grandes cantidades de pruebas de regresión o pruebas de seguridad para cada versión son menos adecuados para sprints cortos que para lanzamientos de cascada más largos.

Desde una perspectiva comercial, SCRUM tiene muchas virtudes, una de las cuales es que está diseñada para ofrecer las mejores soluciones de negocios. Sin embargo, la eficiencia con la que lo hace en cualquier organización puede variar ampliamente y depende en gran medida de la capacidad de la organización para cumplir con los lineamientos de implementación. Cada empresa tiene su propia estructura organizativa, cultura y conjunto de prácticas comerciales, y algunas son naturalmente más compatibles con esta metodología que otras.

~

Herramientas para Implementar SCRUM

Al igual que otros métodos ágiles, la adopción efectiva de SCRUM se puede respaldar a través de una amplia gama de herramientas.

Muchas empresas usan herramientas universales, como hojas de cálculo para crear y mantener los "artefactos", como la acumulación de sprints. También hay paquetes de software de código abierto para SCRUM, que están dedicados al desarrollo de productos utilizando el marco de SCRUM o admiten múltiples enfoques de desarrollo de productos, incluido SCRUM.

Otras organizaciones implementan SCRUM sin herramientas de software y mantienen sus artefactos en formularios impresos como papel, pizarras blancas y notas adhesivas.

~

[Segmento]

Valores del SCRUM

Cuando los valores de compromiso, coraje, enfoque, apertura y respeto son encarnados y vividos por el equipo de SCRUM, los pilares de transparencia, inspección y adaptación de SCRUM cobran vida y generan confianza para todos. Los miembros del equipo de SCRUM aprenden y exploran esos valores mientras trabajan con los eventos, roles y artefactos de SCRUM. El uso exitoso de SCRUM depende de que las personas se vuelvan más competentes en la vivencia de estos cinco valores. Las personas se comprometen personalmente a alcanzar los objetivos del equipo de SCRUM. Los miembros del equipo de SCRUM tienen coraje para hacer lo correcto y trabajar en problemas difíciles. Todos se enfocan en el trabajo del Sprint y los objetivos del SCRUM Team. El equipo de SCRUM y sus partes interesadas acuerdan ser abiertos sobre todo el trabajo y los desafíos al realizar el trabajo. Los miembros del equipo de SCRUM se respetan mutuamente para ser personas capaces e independientes.

-

SCRUM es un enfoque empírico basado en la retroalimentación que es, como todo control empírico del proceso, apuntalado por tres pilares... la transparencia, la inspección y la adaptación.

Todo el trabajo dentro del marco de SCRUM debe ser visible para los responsables del resultado: el proceso, el flujo de trabajo, el progreso,.... Para hacer que estas cosas sean visibles, los equipos de SCRUM deben inspeccionar con frecuencia el producto que se está desarrollando y qué tan bien está el equipo trabajando. Con una inspección frecuente, el equipo puede detectar cuándo su trabajo se desvía de los límites aceptables y adaptar su proceso o el producto en desarrollo.

Estos tres pilares requieren confianza y apertura en el equipo, que los siguientes cinco valores de SCRUM permiten:

1. **Compromiso**: los miembros del equipo se comprometen individualmente a lograr los objetivos de su equipo, en cada sprint.
2. **Coraje**: los miembros del equipo saben que tienen el valor de trabajar juntos en conflictos y desafíos para que puedan hacer lo correcto.
3. **Enfoque**: los miembros del equipo se centran exclusivamente en los objetivos de su equipo y el retraso en el sprint; no debería haber trabajo hecho más allá de su retraso.
4. **Apertura**: los miembros del equipo y sus partes interesadas acuerdan ser transparentes sobre su trabajo y los desafíos que enfrentan.
5. **Respeto**: los miembros del equipo se respetan mutuamente para ser técnicamente capaces y trabajar con buenas intenciones.

~

[Segmento]

Adaptaciones más importantes del SCRUM

La hibridación de SCRUM con otras metodologías de desarrollo de software es común ya que SCRUM no cubre todo el ciclo de vida de desarrollo de productos; por lo tanto, las organizaciones encuentran la necesidad de agregar procesos adicionales para crear una implementación más integral. Asi, al comienzo del desarrollo del producto, las organizaciones comúnmente agregan una guía de proceso en caso de negocios, recopilación y priorización de requisitos, diseño inicial de alto nivel y previsión de presupuesto y cronograma.

Varios autores y comunidades de personas que usan SCRUM también sugirieron técnicas más detalladas sobre cómo aplicar o adaptar SCRUM a problemas u organizaciones particulares. Muchos se refieren a estas técnicas metodológicas como 'patrones', por analogía con los patrones de diseño en arquitectura y software. Dichos patrones han extendido a SCRUM fuera del dominio de desarrollo de software a Manufactura o Finanzas e incluso Recursos Humanos o Mercadeo.

SCRUM de SCRUMs

El SCRUM de SCRUMs es una técnica para operar SCRUM a escala, para múltiples equipos que trabajan en el mismo producto, lo que les permite analizar el progreso en sus interdependencias, centrándose en cómo coordinar la entrega de software, especialmente en áreas de superposición e integración. Dependiendo de la cadencia (tiempo) del SCRUM de los SCRUMs, el SCRUM diario relevante para cada equipo SCRUM finaliza al designar a un miembro como embajador para participar en el SCRUM de SCRUMs con embajadores de otros equipos. Dependiendo del contexto, los embajadores pueden ser contribuyentes técnicos o el maestro del SCRUM de cada equipo.

En lugar de simplemente una actualización de progreso, el SCRUM de SCRUMs debe enfocarse en cómo los equipos están trabajando colectivamente para resolver, mitigar o aceptar cualquier riesgo, impedimento, dependencia y suposición (RIDA) que se hayan identificado. El SCRUM de SCRUMs rastrea estos RIDA a través de un atraso propio, como una tabla de riesgos (a veces conocida como placa ROAM por las iniciales iniciales de *"resolved"*, *"owned"*, *"accepted"*, y *"mitigated"*), lo que generalmente conduce a una mayor coordinación y colaboración entre equipos.

Esto debería ser similar a un SCRUM diario, con cada embajador respondiendo las siguientes cuatro preguntas:

- ¿Qué riesgos, impedimentos, dependencias o suposiciones ha resuelto su equipo desde la última vez que nos reunimos?
- ¿Qué riesgos, impedimentos, dependencias o suposiciones resolverá su equipo antes de que nos volvamos a encontrar?

- ¿Existen nuevos riesgos, impedimentos, dependencias o suposiciones que ralenticen a su equipo o se interpongan en su camino?
- ¿Está a punto de introducir un nuevo riesgo, impedimento, dependencia o suposición que se pondrá en el camino de otro equipo?

-

Desde que originalmente se definió el SCRUM of SCRUMs puede decirse que el SCRUM of SCRUMs no es un "meta SCRUM". El SCRUM of SCRUMs, tal como se ha usado, es responsable de entregar el software de trabajo de todos los equipos al final del sprint, o para lanzamientos durante el sprint. Hubspot ofrece software en vivo más de 100 veces al día. El SCRUM of SCRUMs Master es responsable de hacer que esto funcione. Entonces, el SCRUM of SCRUMs es un mecanismo de entrega operacional.

SCRUM a Gran Escala

El "LeSS" es un marco de desarrollo de productos que amplía SCRUM con reglas y directrices de escalado sin perder los propósitos originales de SCRUM.

Hay dos niveles en el marco: el primer nivel de LeSS está diseñado hasta para 8 equipos; el segundo nivel, conocido como "LeSS Huge", presenta elementos de escala adicionales para el desarrollo con hasta cientos de desarrolladores.

Scaling SCRUM comienza con la comprensión y la capacidad de adoptar el SCRUM estándar de un equipo. SCRUM a gran escala requiere examinar el propósito de los elementos de SCRUM de un solo equipo y descubrir cómo alcanzar el mismo objetivo sin salirse de las limitaciones de las reglas SCRUM estándar

Bas Vodde y Craig Larman desarrollaron el marco LeSS a partir de sus experiencias trabajando con el desarrollo de productos a gran escala. Se desarrolló tomando SCRUM y probando muchos experimentos diferentes para descubrir qué funciona. A inicios de la década de 2010, los experimentos se solidificaron en las reglas marco de LeSS. La intención de LeSS es "desincrustar" la complejidad de la organización, disolver soluciones organizacionales complejas innecesarias y resolverlas de manera más simple. Menos roles, menos administración, menos estructuras organizacionales.

~

Algunas Referencias de complemento a SCRUM

www.gv.com/sprint/
www.SCRUM.org/resources/blog/agile-adoption-canvas

en.wikipedia.org/wiki/Agile_software_development
en.wikipedia.org/wiki/Scaled_agile_framework
en.wikipedia.org/wiki/Fibonacci_scale_(agile)
en.wikipedia.org/wiki/Planning_poker
en.wikipedia.org/wiki/User_story
en.wikipedia.org/wiki/Burn_down_chart

~

Contacte a THE INK COMPANY
| *https://www.tinkcit.com/*
vía ANDRES VRANT (Whatsapp +57 315 4186715)
para preguntas específicas o mayor información.

Sprints, SCRUM & *el Sprint de* SCRUM

ISBN
9781728801476

THE**INK**COMPANY

www.ingramcontent.com/pod-product-compliance
Lightning Source LLC
Chambersburg PA
CBHW051054050326
40690CB00006B/720